연예인 스타일리스트

적성과 진로를 짚어 주는
직업 교과서 07

연예인&스타일리스트

1판 1쇄 발행 | 2013. 4. 30.
1판 6쇄 발행 | 2017. 9. 22.

와이즈멘토 글 | 시에스타 그림

발행처 김영사 | **발행인** 고세규
등록번호 제 406-2003-036호 | **등록일자** 1979. 5. 17.
주소 경기도 파주시 문발로 197(우10881)
전화 마케팅부 031-955-3100 | **편집부** 031-955-3113~20 | **팩스** 031-955-3111

ⓒ 와이즈멘토, 2013

값은 표지에 있습니다.
ISBN 978-89-349-5978-6 74080
ISBN 978-89-349-5971-7 (세트)

좋은 독자가 좋은 책을 만듭니다. 김영사는 독자 여러분의 의견에 항상 귀 기울이고 있습니다.
독자의견전화 031-955-3139 | 전자우편 book@gimmyoung.com | 홈페이지 www.gimmyoungjr.com
어린이들의 책놀이터 cafe.naver.com/gimmyoungjr | 드림365 cafe.naver.com/dreem365

어린이제품 안전특별법에 의한 표시사항

제품명 도서 제조년월일 2017년 9월 22일 제조사명 김영사 주소 10881 경기도 파주시 문발로 197
전화번호 031-955-3100 제조국명 대한민국 ⚠주의 책 모서리에 찍히거나 책장에 베이지 않게 조심하세요.

적성과 진로를 짚어 주는
직업 교과서 07

예체능 계열
예체능 계열

연예인 스타일리스트

와이즈멘토 글 | 시에스타 그림

주니어김영사

- 머리말_진로성숙도를 높여라!…10
- 진로 교육의 목표 & 이 책의 구성과 활용법…12

연예인

Step 1	연예인 이야기…18
Step 2	역사 속 직업 이야기…20
Step 3	연예인은 어떤 사람일까?…22
	★돌발퀴즈…23
Step 4	연예인은 무슨 일을 할까?…24
	★대중의 사랑을 독차지하는 아역 배우!…26
	★돌발퀴즈…28
	★연예인의 숨길 수 없는 또 다른 재능…29
	직업 일기_연예인의 하루…30
Step 5	연예인의 좋은 점 vs 힘든 점…32
	★돌발퀴즈…33
Step 6	연예인은 어떤 능력이 필요할까?…34
	★돌발퀴즈…35
Step 7	연예인이 되기 위한 과정은?…36
	★돌발퀴즈…37
	직업 사전, 적합도 평가…38
Step 8	교사와 학부모를 위한 가이드
	적성&진로 지도…40
	직업 체험 활동…42

스타일리스트

Step 1	스타일리스트 이야기…46
Step 2	역사 속 직업 이야기…48
Step 3	스타일리스트는 어떤 사람일까?…50
	★돌발퀴즈…51
Step 4	스타일리스트는 무슨 일을 할까?…52
	★스타일리스트로서의 활동 영역이 다양해요…54
	★돌발퀴즈…55
	★음식을 스타일링한다? 푸드 스타일리스트!…57
	직업 일기_스타일리스트의 하루…58
Step 5	스타일리스트의 좋은 점 vs 힘든 점…60
	★돌발퀴즈…61
Step 6	스타일리스트는 어떤 능력이 필요할까?…62
	★돌발퀴즈…63
Step 7	스타일리스트가 되기 위한 과정은?…64
	★돌발퀴즈…65
	직업 사전, 적합도 평가…66
Step 8	교사와 학부모를 위한 가이드
	적성&진로 지도…68
	직업 체험 활동…70
	·돌발퀴즈 정답…72

머리말

진로성숙도를 높여라!

　진로 교육에서 가장 중요한 개념 중 하나가 '진로성숙도'입니다. 자신의 적성을 찾고, 그 적성이 잘 드러나는 직업 분야에 도달하는 과정을 설계하기 위해 필요한 요소들을 잘 알고 있는 정도를 '진로성숙도'라고 합니다.

　예를 들어 볼까요?

　초등학생인 A학생에게 꿈을 물어봤더니 '과학자'라고 답을 합니다. 중학생이 된 A학생에게 다시 꿈을 물었더니 이번에도 '과학자'라고 합니다. 고등학교로 진학한 A학생에게 꿈이 뭐냐고 물으니 여전히 '과학자'라고 답을 합니다. 이런 A학생은 일관된 꿈을 가지고 있다고 말은 하지만 사실은 진로성숙도가 높아지지 않는 상태입니다.

　그렇다면 어떤 것이 진로성숙도가 높은 것일까요?

　B학생에게 물어봤습니다. 초등학교 때 '과학자'라고 답을 합니다. 중학교 때는 '과학자가 되고 싶은데 핵물리학자'가 꿈이라고 이야기를 합니다. 고등학교 때는 '핵물리학자가 되어서 미국 NASA와 같은 곳에서 연구를 하고 싶다'라고 말을 합니다. 이렇게 점점 시간이 지날수록 꿈을 구체화하는 능력이 바로 진로성숙도입니다.

    많은 대학생이 명문 대학을 다니면서도 뭘 해야 될지 모르겠다고 합니다. 이렇게 방황하는 이유는 대부분의 학생들이 학습 능력은 키워 왔지만 진로성숙도는 키워 오지 않았기 때문입니다. 학부모나 교사들이 공부만을 강조했던 것이 아이의 행복에 오히려 독이 된 셈이지요.

    진로성숙도를 높이려면 다양한 직업에 대해서 알아보고, 각 직업에 대하여 나이에 맞게 조금 더 깊이 탐색해 보는 활동이 필요합니다. 그 활동을 가장 적합하게 도와주는 것이 바로 〈적성과 진로를 짚어 주는 직업 교과서〉 시리즈입니다. 이 시리즈가 우리 아이들이 보다 넓고 깊은 지식을 얻어 행복을 설계하는 능력을 갖추는 데 도움이 되기를 바랍니다.

와이즈멘토 대표이사

조진표

진로 교육의 목표 &
이 책의 구성과 활용법

　교육 과정에서 진로 교육의 목표는 '긍정적인 자아 개념을 형성하고 진로 탐색과 계획 및 준비를 위한 기초 소양을 기르는 단계'입니다. 즉, 현명한 진로 선택을 위해 자신감을 가지고 다양한 직업을 알아보며 꿈을 키워 가는 시기라는 말이지요. 무한한 가능성이 있는 시기이므로 많은 직업을 탐색하면서 좀 더 구체적으로 '나의 꿈, 나의 목표 직업'이 무엇인지 생각해 보는 것이 중요합니다.

　교육부에서는 관심 있는 직업을 열 가지 이상 고르고 다양한 방법으로 정보를 수집해서 하는 일, 되는 방법 등 구체적인 정보가 담긴 직업 사전을 만들어 볼 것을 권장하고 있습니다.

　더불어 꿈을 실현하기 위해 도움이 되는 과목이 무엇인지 알아보고, 체계적인 학습 계획을 세우고 공부 습관을 길러 나가는 것도 중요합니다.

　초등~중학교에서 성취해야 할 진로 교육의 목표는 다음과 같습니다.

(교육부)

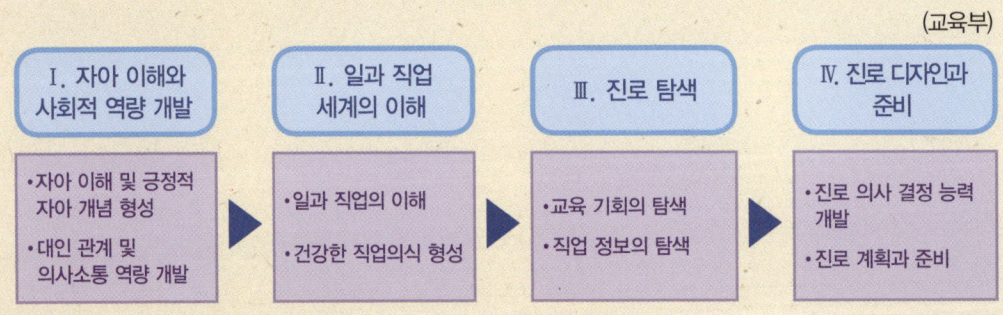

〈적성과 진로를 짚어 주는 직업 교과서〉는 진로 교육 목표에 맞춰, 초등학교와 중학교 과정에서 알아야 할 직업 정보를 직업 소개와 활동을 통해 자기 주도적으로 탐색할 수 있도록 구성했습니다.

❶ 진로 정보 탐색을 위한 본문 구성

Step 1·2 이야기	직업에 대한 호기심을 가질 수 있도록 한다.
Step 3 어떤 사람일까?	직업의 정의에 대해 알 수 있다.
Step 4 무슨 일을 할까?	직업이 갖는 다양한 역할에 대해 알 수 있다.
Step 5 좋은 점 vs 힘든 점	직업의 좋은 점과 힘든 점에 대해 알 수 있다.
Step 6 어떤 능력이 필요할까?	직업을 갖기 위해 필요한 능력들에 대해 알 수 있다.
Step 7 되기 위한 과정은?	중·고등학교, 대학교 과정 등 최종 목표 직업에 도달하기 위한 경로를 알 수 있다.

❷ 진로 디자인과 준비를 위한 본문 구성

Step 7 직업 사전	도서를 통해 탐색한 진로 정보를 바탕으로, 직업 사전을 구성할 수 있다.
Step 7 적합도 평가	직업에 대한 이해를 바탕으로 나에게 적합한 직업인지를 평가해서, 의사 결정을 내릴 수 있다.

❸ 학부모와 교사를 위한 본문 구성

Step 8 교사와 학부모를 위한 가이드 적성&진로 지도	해당 직업을 갖기 위해 도움이 되는 관련 교과목, 교과 외 활동을 소개하여 학습과 활동 설계에 도움을 받을 수 있다.
Step 8 직업 체험 활동	직업 체험 활동에 대한 정보를 얻을 수 있다.

〈적성과 진로를 짚어 주는 직업 교과서〉에는 다양한 활동이 들어 있습니다. 다음과 같이 활용해 보세요.

★직업 사전

이 직업이 나와 잘 맞는지 판단하기 위해서는 먼저 직업에 대해 충분히 이해하는 것이 중요합니다. 열심히 책을 읽고 난 후, 직업 사전의 빈칸을 채워 보면서, 자신이 직업에 대해 잘 이해했는지 점검해 보세요.

★직업 적합도 평가

직업에 대해 이해했다면 그 직업이 자신과 잘 맞는지 아닌지를 판단해야 합니다. 나와 직업이 얼마나 잘 맞는지 점검해 볼 수 있는 적합도 평가가 있습니다. 직업 사전의 항목을 꼼꼼하게 읽어 본 뒤에 자신과 잘 맞는지 아닌지 정도에 따라 별을 색칠해 보세요. 별의 개수로 점수를 매기고, 평가 기준표를 통해 자신과 직업의 적합도를 확인해 보세요.

★Tip

Tip은 본문의 내용을 잘 이해할 수 있도록 도와주는 역할을 합니다. 이해하기 어려운 단어를 쉽게 설명해 주기도 하고, 직업을 이해하는 데 같이 알아 두면 좋은 정보들이 들어 있습니다. Tip의 내용은 공부할 때 도움이 되는 배경지식이므로 그냥 넘어가지 말고, 꼼꼼하게 읽어 보세요.

★돌발퀴즈

책을 그냥 쭉 읽고, 나중에 직업 사전의 빈칸을 채우려면 어렵겠죠? 그래서 본문 중간중간에 중요한 내용들을 확인해 주는 돌발퀴즈가 있습니다. 처음에는 문제만 보고 답을 한번 맞혀 보세요. 잘 모르겠으면 다시 본문으로 돌아가 내용을 차근차근 읽어 보세요. 돌발퀴즈의 정답은 책의 맨 뒷장에 있습니다.

★교사와 학부모를 위한 적성 & 진로 가이드

교사와 학부모가 진로 지도를 할 때, 꼭 알아 두어야 하는 내용입니다. 아이들이 직업에 관심을 보일 때 어떻게 직업을 이해하도록 해야 하는지, 직업에 대해 아이들이 제대로 이해하고, 준비하기 위해서는 어떤 활동을 해야 하는지가 상세히 설명되어 있습니다.

더불어 학습 설계의 중점 과목을 통해 앞으로 어떤 과목을 중점적으로 공부해야 할지 확인하고, 학교에서 어떤 활동을 하도록 지도하면 좋은지 확인해 보세요. 아이와 함께하는 직업 체험 활동에서는 주말이나 방학을 이용해 할 수 있는 직업 체험 활동들을 자세히 소개하고 있습니다. 꼭 활용해 보세요.

자, 지금까지 진로 교육의 목표를 확인하고 책이 어떻게 구성되어 있고 어떻게 활용하는지 살펴보면서 직업 탐색을 위한 준비를 마쳤습니다. 그럼 본격적으로 직업 탐색을 위한 여행을 떠나 볼까요?

 예체능 계열

연예인

Step 1

연예인 이야기

'텔레비전에 내가 나왔으면 정말 좋겠네.' 노래처럼 텔레비전에 내가 나온다면 어떨까요? '춤추고 노래하는 예쁜 내 얼굴'을 보고 사람들이 즐거워한다면 나도 따라 행복하지 않을까요?

아름다운 노래로 감동을 주는 가수, 실감나는 연기로 눈물 핑 돌게 하는 드라마 속 연기자, 배꼽 빠지게 웃기는 코미디언……. 친구처럼 익숙하지만 저 하늘의 별처럼 멀게 느껴지는 사람들, 그들은 연예인입니다.

무대 위에서 노래 부르는 가수 싸이

드라마 촬영 중인 감독과 배우들

개그 뮤지컬을 선보이는 코미디언들

Step 2

역사 속 직업 이야기

풍자로 시대를 노래한 광대

우리가 텔레비전에서 만나는 배우는 생각보다 훨씬 오래된 직업이에요. 옛날 고려 시대에도 사람들을 울고 웃기는 배우가 있었답니다. 그때는 배우가 아닌 '광대'라는 이름으로 불렀어요. 사람들이 많이 모이는 광장이나 장터에서 탈을 쓰고, 북소리에 맞춰 덩실덩실 춤을 추며 신 나는 연기를 펼쳐 보였지요. 별다른 구경거리가 없던 시절에 광대는 사람들에게 큰 기쁨이 되었어요.

물론 서양에도 광대가 있었어요. 그들은 왕 앞에서 신기한 재주를 부리며 춤과 노래를 선보였답니다. 왕은 광대를 늘 곁에 가까이 두었어요. 복잡한 정치생각을 싹 잊고 맘껏 웃게 해 주는 사람이었으니까요.

동양과 서양의 광대는 누군가를 기쁘게 해 준다는 것 말고도 공통점이 또 있었어요. 바로 왕을 야유하거나 점잖은 척, 고상한 척하는 양반을 풍자했다는 점이에요. 왕과 양반의 돈을 받으며 살면서도 그들을 비꼬는 말이나 행동을 잊지 않았어요. 그 덕분에 힘겹게 살아

가던 서민들은 잠시나마 시름을 잊을 수 있었지요. 여러모로 광대는 사람들에게 없어서는 안 될 특별한 존재였답니다.

나도 슈퍼스타가 되고 싶다!

누구나 한 번쯤은 슈퍼스타가 되는 꿈을 꿉니다. 대중에게 엄청난 사랑을 받는 연예인은 정말 매력적인 직업이지요. 그렇다고 누구나 연예인이 될 수 있는 것은 아닙니다. 연예인이 되려면 어떻게 해야 할까요? 오디션에 통과해서 기획사에 소속되는 게 일반적이지만, 낙타가 바늘구멍을 통과하는 것처럼 어렵고도 힘든 일이지요. 우연히 마주친 연예 기획사 관계자가 명함을 주는 길거리 캐스팅도 있지만, 이 또한 흔한 경우는 아니지요. 이름 난 연예인이 되면 큰 사랑을 받으며 이름을 떨치는 만큼, 그 과정 역시 쉽고 간단하지 않답니다.

처음부터 연예인이 되고자 준비하는 사람들도 있지만 다른 직업으로 살다가 연예인이 되는 경우도 있어요. 예를 들어 한 개그맨은 평범한 전자회사의 직원이었어요. 몇 년 동안 부지런히 일했지만 마음속에 꿈틀거리는 꿈을 잊을 수는 없었지요. 그는 회사를 그만두고 과감히 도전을 했고, 지금은 유명한 개그맨이 되었답니다.

또한, 매니저에서 연예인이 된 경우도 있어요. 연예인과 가장 가까운 곳에 있으면서 꾸준히 꿈을 키워 온 것이죠. 예체능 분야에서 활동하다가 연예인이 되는 일도 있고, 사진작가나 발레리나, 운동선수였던 연기자들도 많아요.

끼와 재능은 아무리 숨기려 해도 드러나기 마련이에요. 꿈을 잊지 않고 살아간다면 반드시 그 빛을 알아보는 누군가가 생길 거예요.

Step 3
연예인은
어떤 사람일까?

무대에서 사람들에게 웃음과 감동을 전해 주는 재주꾼

연예인은 연예계에 종사하는 배우, 가수, 코미디언(개그맨) 등을 통틀어서 이르는 말입니다. 평소 텔레비전과 영화를 통해 자주 접하는 사람들이에요. 연예인들은 방송뿐만 아니라 대학교의 축제, 행사장과 같은 다양한 무대를 통해서 대중들을 만나지요. 여러분은 신 나는 유행가를 큰 소리로 따라 부르고, 코미디 프로그램을 보며 깔깔 웃고, 슬픈 영화를 보면서 눈물을 흘린 경험이 있을 거예요. 이렇게 사람들의 마음을 움직여서 웃음을 주고 때로는 감동을 전해 주는 재주꾼들이 바로 연예인이랍니다.

다양한 매력을 뽐내는 카멜레온

남다른 끼가 가득한 연예인들은 영화, 연극, 드라마 등을 통해서 다양한 캐릭터에 감정을 불어넣고 마치 자신이 그 인물이 된 것처럼 푹 빠져서 연기를 합니다. 그래서 때로는 작품이 끝난 뒤에도 연기했던 캐릭터에서 빠져나오지 못하는 경우가 종종 있지요. 또한 작품의 배경이 외국이라면 그 나라 말로 대사를

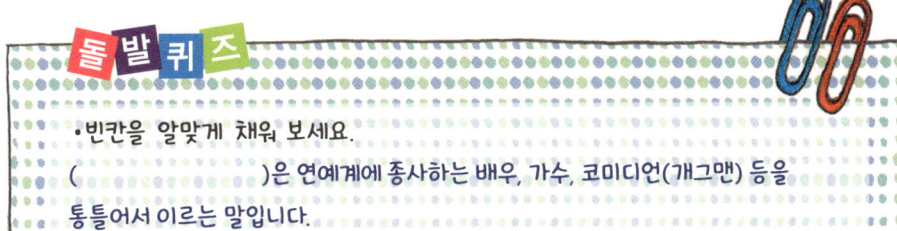

하기도 하고, 전쟁이나 사고처럼 위험한 장면에서는 직접 몸을 던져 실감나는 연기를 펼치기도 하지요. 그래서 연예인은 온몸으로 다양한 매력을 뽐내는 카멜레온 같은 존재랍니다.

친근함으로 상품과 기업 이미지를 알리는 홍보대사

우리는 다양한 매체를 통해 연예인을 만납니다. 그래서 연예인의 익숙한 얼굴과 목소리는 시청자들에게 친근하게 다가오지요. 영화와 드라마를 통해 높은 인기를 얻은 연예인은 작품 속의 캐릭터를 살려 각종 광고에도 등장해요. 치약, 샴푸 등 생활용품부터 커피숍, 은행, 증권 등 기업 홍보에 이르기까지 정말 다양하지요. 텔레비전 광고뿐만 아니라 라디오 광고, 영화 상영 전 광고 등 하루에도 여러 번 광고를 통해 연예인을 만날 수 있어요. 사람들에게 인기가 많은 연예인일수록 광고계에서 인기가 많아요.

Step 4
연예인은 무슨 일을 할까?

각종 쇼 프로그램과 드라마, 영화를 통해서 만난 연예인들은 얼굴만 봐도 단번에 이름을 말할 수 있을 정도로 우리에게 친숙한 사람들이지만 실제로 만나기는 어렵지요. 연예인은 가수, 배우, 코미디언(개그맨) 등 데뷔할 때 전문 분야를 갖고 있지만 최근에는 '만능 엔터테이너'라는 말을 쉽게 들을 수 있을 정도로 다양한 분야를 넘나들며 활동하는 연예인들이 많아요. 연예인이 하는 일이 무엇인지 구체적으로 살펴볼까요?

가수

　가수는 반주에 맞춰 공연장과 무대에서 노래를 부르고 춤을 추는 사람을 말해요. 홀로 노래를 부르기도 하고, 여러 명이 팀을 이루어 활동하기도 합니다. 많은 사람이 연예인으로 가장 먼저 가수를 떠올릴 정도로 가수는 화려한 모습을 많이 보여 주지요. 우리가 노래 한 곡을 듣는 시간은 5분도 걸리지 않지만 가수들이 앨범 한 장을 내기 위해서는 몇 개월의 시간이 필요하답니다. 노래와 춤 연습뿐만 아니라 체력을 다지기 위해 운동도 하지요. 스스로 작사와 작곡을 하는 경우에는 더 많은 공부가 필요하고요. 텔레비전에 나오지 않는다 시기에도 편히 쉬거나 놀지 못해요. 대중들에게 꾸준히 발전하는 모습을 보여 주기 위해 활동하지 않을 때에도 자기 계발에 많은 노력을 쏟는답니다.

배우

　배우는 영화, 드라마에 출연하여 대본과 감독의 연출에 따라 연기하는 사람이에요. 극 중에서 얼마나 배역을 잘 소화하느냐에 따라 대중들에게 좋은 평가를 받기도 하고, 나쁜 평가를 받기도 해요. 한 배우는 근육병에 걸려 죽어가는 환자 역할을 맡아 살을 20킬로그램이나 빼기도 했어요. 화면에 나타난 배우의 앙상한 몸은 정말 환자 같아서 사람들을 놀라게 했지요. 또 다른 배우는 영화 속 건장한 프로레슬러가 되기 위해 살을 25킬로그램이나 찌웠어요. 그는 진짜 선수와 똑같이 운동하며 거대한 몸을 만들었지요. 그런 피나는 노력 덕분에 우리는 실감나는 이야기를 생생하게 접할 수 있습니다. 이처럼 배우는 맡은 역할에 따라 마치 마술처럼 불가능을 가능하게 하는 사람입니다.

연기대상 시상식에서 포즈 취하는 아역 배우들

> " 대중의 사랑을 독차지하는 아역 배우! "

　아역 배우는 드라마나 영화를 통해서 성인 배우의 어릴 적 모습을 연기하거나 감초 역할로 등장해 많은 사람에게 사랑을 받지요. 갓 태어난 아기부터 청소년에 이르기까지 필요한 역할이 다양하기 때문에 아역 배우의 연령대도 다양해요.
　깜찍한 외모와 천부적인 연기력으로 팬들의 뇌리에 깊은 인상을 남기는 아역 배우는 얼마 동안의 세월이 지난 뒤 성인이 되어 전혀 다른 이미지로 나타나기도 해요. 옛 이미지를 잊지 못하는 팬들은 그 모습을 보고 당혹스러울 때도 있지요. 그래서 아역 배우는 성인 배우가 되기 어렵다는 인식이 있어요. 그래도 자기 관리를 철저히 해서 성인이 되어서도 아역 배우 때의 인기를 꾸준히 이어가는 배우가 되는 경우도 있고, 배우의 길을 떠나 전혀 다른 직업으로 제2의 인생을 사는 경우도 있어요.
　혹시, 배우를 꿈꾸는 사람만 아역 배우를 한다고 생각하지 않나요? 배우를 꿈꾸지 않아도 어릴 때 연기를 배우면 창의력과 표현력이 풍부해지고, 자기감정을 잘 표현하는 방법을 배울 수 있어서 취미활동으로도 주목받고 있어요. 어려서부터 방송 아카데미나 전문 기획사에서 연기를 배우기도 하고, 어린이 패션쇼나 어린이 모델 선발 대회 등 각종 대회를 통해서 숨겨진 재능과 끼를 뽐내기도 한답니다.

보통 영화에 출연하는 사람들을 영화배우라 부르고, 드라마에 많이 나오는 사람들을 탤런트라고 불러요. 하지만 대부분의 배우들이 영화와 드라마 양쪽에서 연기를 펼치기 때문에 구분하기 모호한 면도 있어요. 어떤 매체에 등장하든지 감동과 눈물, 웃음을 주며 대중들의 마음을 움직이는 것만은 똑같답니다.

코미디언(개그맨)

코미디언(개그맨)은 방송이나 여러 공연 장소에서 말과 몸짓을 통해 청중에게 웃음을 주는 사람입니다. 주로 코미디(개그) 프로그램과 예능 프로그램에 출연해서 재미있는 말과 행동으로 분위기를 밝고 활기차게 만들어 줍니다. 항상 유쾌하며 사람들을 기분 좋게 해 주기 때문에 인기가 많지요.

때로는 그들이 하는 말이 전 국민의 유행어가 되기도 합니다. 누구나 한 번쯤은 유행어를 따라 해 본 적이 있지요? 어떤 유행어는 한 시대를 풍미하며 두고두고 기억되기도 합니다. 코미디언(개그맨)들 사이에서는 얼마나 많은 사람이 유행어를 따라 하느냐에 따라 인기를 짐작하기도 해요. 유행어 덕분에 광고에 출연할 수도 있고요. 내가 만든 재미난 말을 사람들이 따라 하며 웃는다면 그보다 더 큰 보람은 없을 거예요.

엔터테이너

요즘은 가수라고 해서 노래만 부르고, 탤런트라고 해서 연기만 하지 않아요. 연예인 중에는 가수, 배우, 코미디언(개그맨)의 분야를 넘나들며 활동하는 사람

이 있어요. 이런 사람을 '만능 엔터테이너'라고 부르지요. 말 그대로 연예계에서 모든 일을 잘 하는 사람을 말합니다. 영화배우이지만 가수 활동을 하면서 드라마의 주제곡까지 부르는 경우도 있어요. 가수처럼 정식 앨범을 내고 공연 무대에서 콘서트를 여는 코미디언(개그맨)도 있답니다. 아나운서처럼 능숙하게 사회를 보는 연기자, 코미디언(개그맨)보다 더 웃긴 배우, 가수보다 히트곡이 더 많은 영화배우도 찾아볼 수 있어요. 하지만 다양한 영역에서 활동한다고 해서 무조건 만능 엔터테이너라고 불리진 않아요. 그만큼 각 분야에서 실력이 뛰어나야 인정받을 수 있답니다.

돌발퀴즈

• 빈칸을 알맞게 채워 보세요.
연예인 중 배우는 영화나 드라마에 출연하여 대본과 감독의 연출에 따라 (   ) 하는 사람입니다.

복싱 선수로 활약 중인 배우 이시영

" 연예인의 숨길 수 없는 또 다른 재능 "

다양한 분야에서 뛰어난 기량을 선보이는 연예인을 보고 우리는 '만능 엔터테이너'라고 합니다. 최근에는 방송 분야뿐만 아니라 전혀 의외의 분야에서 또다른 재능을 뽐내는 연예인이 많아졌고, 우리는 그런 모습을 관심 있게 지켜보지요.
한 여배우는 연기를 위해 복싱을 시작한 지 3년 만에 정식 복싱팀에 입단해 연기와 선수 생활을 동시에 해 나가고 있어요. 또 어떤 유명 가수는 그림 실력이 뛰어나 전시회를 열기도 합니다. 또한 직접 그린 일러스트를 뮤직비디오와 앨범 표지에 넣어 자신만의 개성을 표현하기도 합니다. 학업에 뛰어난 연예인들도 있습니다. 명문대학교를 졸업하고 유럽에서 공학박사 학위를 받은 남자 가수, 명문대학교 의류학과를 졸업한 여배우. 영어 시험에서 고득점을 받은 개그맨도 있지요.
연예인들은 많은 사람의 관심사 입니다. 그리고 새로운 모습을 보여줄 때마다 우리는 깜짝 놀라지요. 반짝반짝 빛을 내는 연예인들의 재능은 아무리 숨기려고 해도 숨길 수 없나 봅니다.

직업 일기
연예인의 하루

　팬들의 사랑을 듬뿍 받는 아이돌 그룹으로 산다는 건 정말 멋진 일이지만 가끔은 괴롭기도 하다. 도대체 자유가 없으니 말이다! 혼자 돌아다닐 수도, 친구를 만날 수도, 가족과 외식을 할 수도 없다. 어딜 가나 팬들이 따라다니니 항상 신경이 쓰인다. 어디 그뿐인가. 온종일 연습, 무대, 공연, 광고 촬영, 예능 프로 출연, 녹화, 방송, 다시 연습……. 다람쥐 쳇바퀴 돌듯 반복되는 일상은 하루가 24시간이라고 해도 부족할 만큼 바쁘다 바빠! 나는 탈출을 외치며 멤버들에게 말했다.
　"놀이동산 가자! 어서 날 따라 와!"
　우리는 매니저의 눈을 피해 살며시 연습실을 빠져 나왔다. 모자와 선글라스로 완벽하게 분장을 하고, 007작전처럼 조심스레 움직였다.
　드디어 놀이공원에 도착! 우리는 바이킹과 롤러코스터를 타며 즐거운 시간을 보냈다. 맘껏 웃고 떠들다가 문득 정신을 차리고 주위를 둘러보니 사람들이 우리를 빙 둘러싼 게 아닌가?

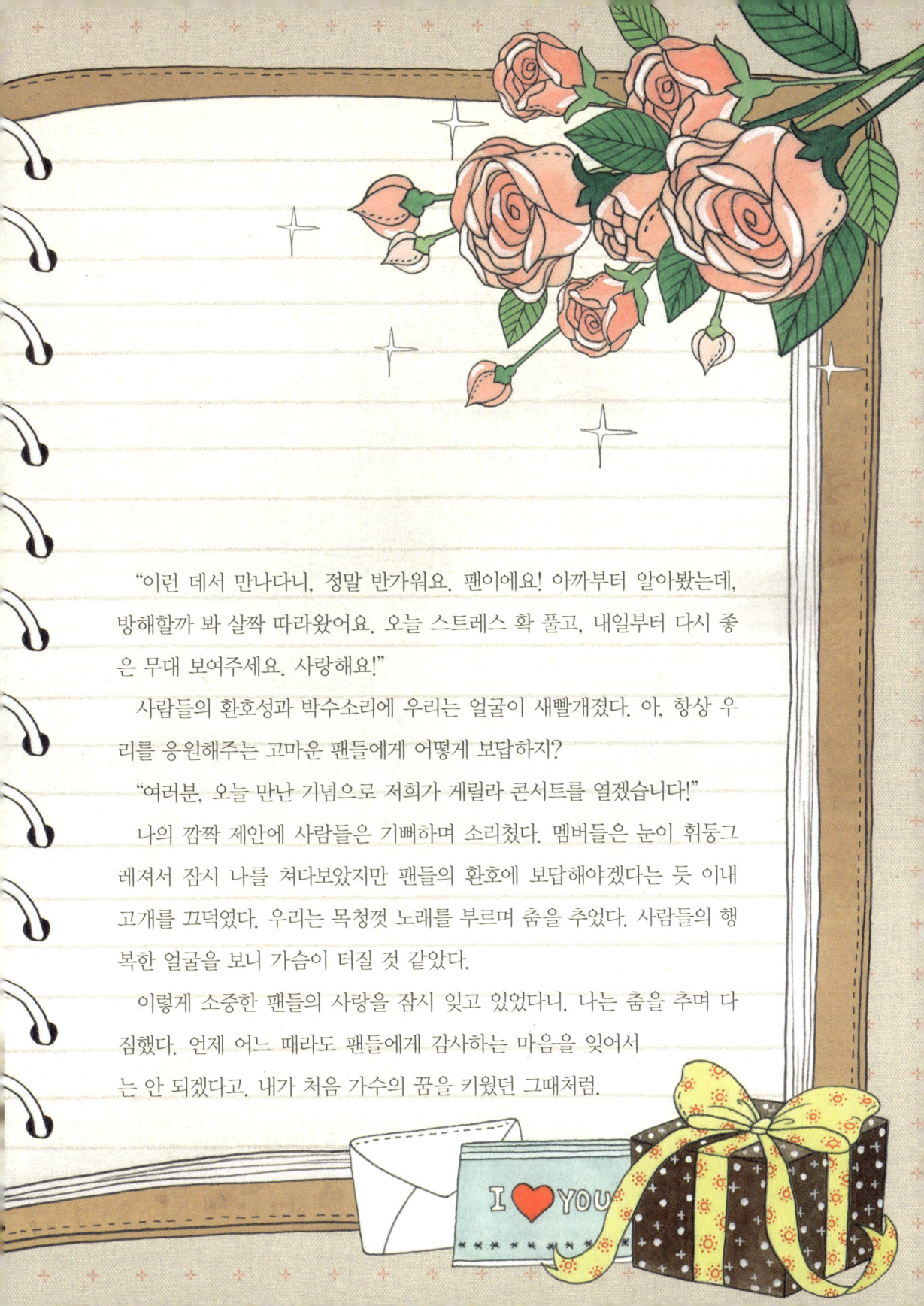

 "이런 데서 만나다니, 정말 반가워요. 팬이에요! 아까부터 알아봤는데, 방해할까 봐 살짝 따라왔어요. 오늘 스트레스 확 풀고, 내일부터 다시 좋은 무대 보여주세요. 사랑해요!"
 사람들의 환호성과 박수소리에 우리는 얼굴이 새빨개졌다. 아, 항상 우리를 응원해주는 고마운 팬들에게 어떻게 보답하지?
 "여러분, 오늘 만난 기념으로 저희가 게릴라 콘서트를 열겠습니다!"
 나의 깜짝 제안에 사람들은 기뻐하며 소리쳤다. 멤버들은 눈이 휘둥그레져서 잠시 나를 쳐다봤지만 팬들의 환호에 보답해야겠다는 듯 이내 고개를 끄덕였다. 우리는 목청껏 노래를 부르며 춤을 추었다. 사람들의 행복한 얼굴을 보니 가슴이 터질 것 같았다.
 이렇게 소중한 팬들의 사랑을 잠시 잊고 있었다니. 나는 춤을 추며 다짐했다. 언제 어느 때라도 팬들에게 감사하는 마음을 잊어서는 안 되겠다고. 내가 처음 가수의 꿈을 키웠던 그때처럼.

Step 5

연예인의
좋은 점 vs 힘든 점

좋은 점 : 좋아하는 일을 직업으로 삼을 수 있어요!

　가수 오디션 프로그램에는 노래와 춤이 좋아서 도전하는 수많은 사람이 등장해요. 만약 오디션에 뽑혀 꿈을 이룬다면, 가장 좋아하는 노래와 춤을 평생 할 수 있을 테니 얼마나 행복할까요? 연예인이 되면 자신이 잘하고 좋아하는 일을 직업으로 삼을 수 있다는 장점이 있어요. 물론, 취미로 즐길 때와 직업으로 삼는 경우에는 많은 차이가 있지요. 책임감과 마음가짐부터 달라지니까요. 하지만 좋아하는 일이기 때문에 고생해도 즐겁고, 끝까지 포기하지 않고 노력할 수 있겠지요. 자신이 가장 원하며 가슴 뛰는 일을 평생 직업으로 삼을 수 있다는 건, 몇몇 사람에게만 허락된 아주 특별한 행운입니다.

- 보기를 보고 정답을 맞혀 보세요.
연예인의 좋은 점은 자신이 잘하고 좋아하는 일을 하면서 즐길 수 있다는 것입니다. 그렇다면 연예인의 힘든 점이라고 볼 수 있는 것은 무엇일까요?
① 불을 다루기 때문에 자칫 위험할 수 있다.
② 많은 사람들이 관심을 갖게 되면 사생활을 보호받지 못 할 수 있다.
③ 직접 여행하면서 상품을 기획해야 하기 때문에 체력적으로 힘들 수 있다.

힘든 점 : 사람들의 관심이 커져서 사생활을 보호받지 못해요!

'사생팬'이라는 말, 혹시 들어본 적 있나요? '연예인의 사생활을 쫓는 팬'의 약자로, 자기가 좋아하는 연예인, 특히 아이돌을 쫓아다니는 열성팬을 말해요. 이들은 연예인을 멀리서 지켜보며 기뻐하는 평범한 팬과는 달리, 연예인들의 사생활을 궁금해하며 가까이 보고 싶은 마음을 지나치게 표현합니다. 온종일 택시를 타고 연예인의 뒤를 쫓는다거나, 몰래 집에 들어가기도 하고, 전화를 도청하기도 해요. 연예인 입장에서 생각해 보면, 두렵고 무서운 일이지요.

연예인이 되어 많은 인기를 얻으면, 그만큼 잃는 것도 있답니다. 바로 사생활과 개인적인 시간이에요. 혼자만 알고 싶은 비밀이나 조용히 만나고 싶은 사람들, 남들에게 보여 주기 싫은 일들도 대중에게 알려지니까요. 큰 인기를 얻고도 오히려 힘들어하는 연예인을 보면 그 마음을 조금은 짐작할 수 있겠네요.

연예인은 어떤 능력이 필요할까?

창의력

연예인이 되려면 창의력은 필수예요. 코미디언(개그맨)의 경우, 정해진 시간에 아이디어 회의를 하면서 새로운 코미디를 선보이고, 누구나 따라하기 쉽고 재미있는 유행어도 만들어야 하거든요. 가수는 새로운 앨범을 제작할 때, 작곡이나 작사에 참여해 랩이나 안무의 아이디어를 내야 하고요. 배우도 매번 색다른 인물이 되기 위해서 남들과 다른 표정이나 말투, 몸짓을 연습해야 한답니다.

체력

연예인의 스케줄은 촬영 현장과 상황에 따라 언제 시작해 언제 끝날지 아무도 모르지요. 하루에도 몇 번씩 촬영 장소를 옮겨 다니고, 밤을 새고, 끼니를 거르는 일도 잦아요. 몸이 피곤하고 아파도 사람들 앞에서는 웃는 얼굴을 보여야 하지요. 무대에서 쓰러지겠다는 정신력도 물론 중요하지만, 그보다 더 중요한 것은 튼튼한 체력이랍니다.

돌발퀴즈

• 알맞은 답을 고르세요.
다음 중 연예인으로 일을 할 때 가장 필요한 능력은 무엇일까요?
① 창의력 ② 수리력 ③ 장비 조작

말하기

최근에는 많은 연예인들이 토크쇼와 예능 프로그램에 출연하고 있어요. 아무리 예쁘고 잘생긴 연예인이라도 대화가 즐겁지 않다면, 사람들이 호감을 가지지 않을 거예요. 사회자의 질문에 재치 있게 답하여 가끔은 유쾌한 농담을 건네는 센스가 필요합니다.

순발력

연예인에게는 언제 어떤 사고가 생길지 모르지요. 예전에 한 가요 프로그램에서 아이돌 그룹이 야외무대에서 노래를 부르다가 마이크가 꺼지는 사고가 있었어요. 음악이 멈추자 관객들은 웅성거렸지요. 그러나 그들은 당황하지 않고 더 큰 목소리로 노래를 불렀어요. 그 모습에 감탄한 관객들은 박수를 치며 함께 노래를 불러 주었답니다. 이처럼 상황을 빠르게 판단하고 대처할 수 있는 순발력이 있어야 해요.

다 함께 박수를⋯.

Step 7

연예인이 되기 위한 과정은?

중·고등학교

문과, 이과, 예체능 중 어떤 계열을 선택해도 크게 상관없지만 예체능 계열을 선택한다면 다른 사람보다 빠르게 악기나 작곡 등을 배울 수 있어요.

대학교

연예인으로 활동하기 위해서 실용음악과, 연극영화과, 코미디연기학과 등을 전공합니다. 이미 활동 중인 연예인들이 전공하는 과목이기도 하고요. 최근에는 영화, 연예연기, 영화연기처럼 연예인 관련 학과들이 많이 생겨나고 있어요.

졸업 후

꼭 관련 학과를 졸업해야 연예인이 될 수 있는 것은 아니에요. 대신 연예인이 되기 위해서는 대부분 연습생 시절을 거쳐야 해요. 매일 운동으로 기초 체력을 기르고 춤과 노래, 연기 등 재능을 키우면서 데뷔를 준비합니다.

데뷔 후

연예인이 되었다고 끝이 아니에요. 더 많은 공부가 필요합니다. 특히, 요즘에는 전 세계적으로 한류 열풍이 불고 있어서 외국어를 배우는 것이 좋아요. 연예인의 화려한 모습 뒤에는 많은 고통과 노력이 뒤따르지요.

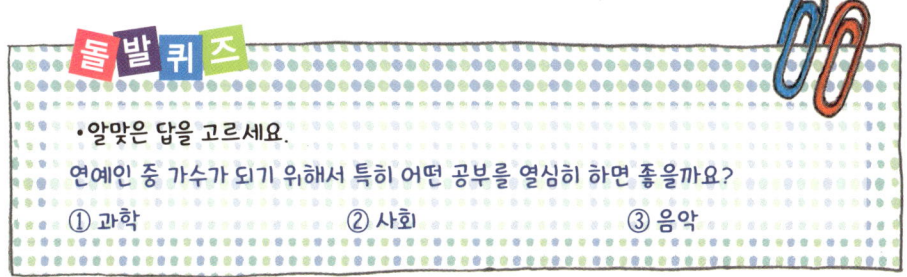

돌발퀴즈

• 알맞은 답을 고르세요.
연예인 중 가수가 되기 위해서 특히 어떤 공부를 열심히 하면 좋을까요?
① 과학　　　② 사회　　　③ 음악

직업 사전, 적합도 평가

연예인이라는 직업이 나와 얼마나 어울릴까?

❖ (   ) 안에 돌발퀴즈의 답을 적어 넣으면 직업 사전이 완성됩니다.

연예인	직업 사전	직업 적합도		
		항목	평가	점수
정의	( )은 연예계에 종사하는 배우, 가수, 코미디언 등을 통틀어서 이르는 말입니다.	연예인이라는 직업에 얼마나 흥미가 있나요?	☆☆☆☆☆	/ 5
하는 일	연예인 중 가수는 반주에 맞춰 노래를 부르고, 배우는 ( )를 통해 감동을 주며, 개그맨은 말과 행동으로 웃음을 주는 사람입니다.	연예인이 하는 일에 얼마나 흥미가 있나요?	☆☆☆☆☆	/ 5
장단점	연예인이 되면 좋아하는 노래, 춤 등을 직업으로 할 수 있다는 장점이 있습니다. 하지만 사람들의 과도한 관심 때문에 ( )을 보호받지 못할 수 있다는 단점이 있습니다.	장점과 단점을 모두 고려했을 때 연예인이라는 직업에 얼마나 관심이 있나요?	☆☆☆☆☆	/ 5
필요 능력	연예인은 번뜩이는 ( ), 강인한 체력, 조리 있게 말하기, 재치 있는 순발력이 필요합니다.	연예인이 되기 위해 필요한 능력을 얼마나 갖추고 있나요?	☆☆☆☆☆	/ 5
되는 방법	연예인은 ( ), 미술, 체육과 같은 예체능에 관심이 많아야 합니다. 많은 연예인들이 대학교에서 실용음악, 연극영화, 코미디연기학 등을 전공합니다.	연예인이 되기 위한 공부를 하는 데 얼마나 관심이 있나요?	☆☆☆☆☆	/ 5

연예인 적합도(총점) :   / 25

직업 적합도 평가 방법

❶ 직업 사전의 항목을 꼼꼼히 읽어 보세요.

❷ 직업 적합도 항목을 읽고 해당하는 만큼 별표를 색칠해 주세요.

　　0개 : 전혀 없음　　　　1개 : 거의 없음　　　　2개 : 조금 있음

　　3개 : 보통　　　　　　4개 : 많음　　　　　　5개 : 아주 많음

❸ 별 1개당 1점으로 계산하여 점수를 적어 넣으세요.

❹ 평가 기준(총점)

총점	적합도	목표 직업으로 삼을 경우 고려할 점
21~25	매우 높음	직업 적합도가 매우 높습니다. 이 직업을 목표로 삼고 필요한 능력을 꾸준히 개발하도록 합니다.
16~20	높음	직업 적합도가 높습니다. 적합도 점수가 낮은 부분을 중심으로 보완하도록 합니다.
11~15	보통	직업 적합도가 보통입니다. 꾸준히 관심을 가지고 이 직업에 대해 알아보도록 합니다.
0~10	낮음	직업 적합도가 낮습니다. 해당 직업과 함께 다른 직업의 정보도 함께 알아보도록 합니다.

교사와 학부모를 위한 가이드
적성 & 진로 지도

이렇게 지도하세요

연예인은 과거에 단순히 외모가 출중하고, 연기가 뛰어나고, 노래를 잘하는 사람을 뽑았지만 최근에는 연예인을 지망하는 청소년들이 많아져 다방면으로 재능이 있고, 남들과 다른 개성을 표현할 수 있는 사람에게 더 주목하고 있습니다. 데뷔할 수 있는 나이의 폭도 넓어진 만큼 자신만이 가지고 있는 재능과 끼를 빨리 발견하고, 단점을 보완하기 보다는 장점이 더욱 돋보일 수 있도록 개발하는 것이 연예인이 되기 위한 방향을 잃지 않는 것입니다.

꼭 알아 두세요

연예인은 다른 사람들 앞에 서는 것을 좋아하고 다양한 끼를 갖고 있는 아이들에게 유리한 직업입니다. 최근에는 연예인이 되고 싶은 청소년들이 많기 때문에 대형 기획사의 연습생이 되기 위한 경쟁조차도 치열합니다. 그래서 아이들이 화려한 겉모습만을 바라보며 환상을 갖지 않도록 하고, 연예인이 되기 위해서는 재능과 노력이 꼭 필요하다는 것을 일깨워 주어야 합니다.

학습 설계(중점 과목)	
구분 I	구분 II
국어, 영어, 수학	사회, 과학, 예체능

활동 설계(관련 활동)	
동아리	방송반, 교지편집위원회, 신문활동 동아리, UCC & 영상 동아리
독 서	《현대사회와 매스커뮤니케이션》《테크노폴리》《사서함 110호의 우편물》
기 타	축제 공연 참가, 오디션 참가

성향에 있어서는 스트레스를 이겨 낼 수 있는 능력과 사회성, 창의력을 갖춘 아이들에게 적합합니다. 우선 스트레스를 이겨 내는 부분은 연예계의 모든 분야에서 필요한 능력입니다. 쉴 틈 없이 빼곡한 스케줄이나 극성팬들에게 시달림을 받는 상황이 많기 때문입니다. 두 번째로 사회성은 대중들을 상대한다는 직업적 특성 때문에 반드시 필요합니다. 가수는 그룹 활동을 할 수도 있고, 배우는 항상 다른 배우들과 어울려 함께 연기해야 하므로 사회성이 꼭 필요합니다. 마지막으로 창의력은 가수와 코미디언(개그맨)에게 특히 필요한 역량입니다. 창의력이 풍부한 가수는 작곡과 작사에 참여해 다양한 음악을 선사할 수 있고, 코미디언(개그맨)은 신선하고 재미있는 코미디(개그)를 만들어 대중에게 사랑 받을 수 있습니다.

교사와 학부모를 위한 가이드
직업 체험 활동

방송국 견학

   방송국 견학을 통해 연예인들이 실제로 일하는 모습을 볼 수 있습니다. 사전에 미리 프로그램의 방청권을 신청한다면 텔레비전에서는 볼 수 없었던 또 다른 방송의 묘미와 생생한 현장감을 느낄 수 있지요. 단, 실제 방송을 통해 연예인을 직접 만나는 것이 목적이 아니므로 화려한 무대 뒤에서 연예인이 열심히 준비하며 노력하는 모습을 보여 주는 것이 더 중요합니다.

촬영장 견학

   좋아하는 영화나 드라마를 촬영한 장소를 직접 견학하는 것도 좋은 방법입니다. 최근에는 국내 팬들 뿐만 아니라 외국 관광객들을 위해서도 관광명소로 널리 알려져 있어 세트가 잘 보존되어 있지요. 거리가 먼 곳은 가족여행 때 시간을 넉넉히 잡고 한번 둘러보는 건 어떨까요? 기억에 남는 장면을 직접 연기해 보거나 사진을 찍어 보관함으로써 연예인에 대한 꿈을 조금 더 가까이에서 키울 수 있을 것입니다.

영상 기록 제작

나이별로 자녀의 재능을 기록해 두는 것도 좋습니다. 연예인을 직업으로 갖기 위해서는 본인이 좋아하는 것과는 별개로, 보는 사람들이 좋아해 주어야 합니다. 단, 전체 대중을 대상으로 경쟁력이 있는지를 검증받는 것이 중요하지요. 이를 위해 전문가에게 평가를 받거나 자신의 모습을 객관적으로 볼 수 있는 기회를 갖도록 합니다.

추천 사이트

대한가수협회　http://www.singer.or.kr

한국영화배우협회　http://www.snname.com/movies

KBS　http://www.kbs.co.kr

MBC　http://www.imbc.com

SBS　http://www.sbs.co.kr

예체능 계열

스타일 리스트

Step 1

스타일리스트 이야기

한 해를 마감하는 연말이 되면 음악, 영화, 뮤지컬 등 다양한 분야별 화려한 시상식이 열리고 유명 스타들은 레드 카펫 위를 걸으며 제각기 멋진 스타일을 뽐냅니다. 스타가 지나갈 때마다 레드 카펫 주변의 많은 기자들이 플래시를 터뜨리며 사진을 찍는 모습을 텔레비전에서 많이 보았을 거예요. 스타들이 '베스트 드레서'로 뽑힐 수 있도록 스타일에 대해 회의하고 드레스, 액세서리, 헤어스타일 등을 고민하고 결정하는 사람을 스타일리스트라고 부른답니다.

레드 카펫 위의 스타

다양한 스타일의 구두

옷매무시를 다듬는 스타일리스트

Step 2 역사 속 직업 이야기

스타일리스트의 역사

방송 매체의 규모가 커지고 배우라는 직종이 전문성을 띠면서 스타일리스트의 역사도 함께 발전했습니다. 사람들은 여가가 늘어나면서 자신을 가꾸고 꾸미는데 시간을 투자하게 되자 좋아하는 연예인이 하고 나온 머리띠나 가방, 옷 등을 관심있게 보고 따라 하게 되었어요. 그래서 자연스럽게 스타일리스트는 최신 유행을 선도하는 사람들이자 패션을 이끄는 사람들로 주목받게 되었답니다. 최근에는 패션 분야의 전문직종뿐만 아니라 '푸드 스타일리스트', '인테리어 스타일리스트' 등 미적 감각을 요구하는 여러 직종에도 스타일리스트라는 이름이 붙어 보편적으로 사용되고 있답니다.

영화나 드라마를 보면 다양한 시대적 배경과 인물들이 등장하지요? 이 때 각 인물들은 시대적 배경에 맞으면서 그 배역의 성격과 개성을 최대한 살려 줄 수 있는 스타일을 보여 주는 것이 매우 중요합니다. 영화 〈해리포터〉의 주인공을 생각하면 어떤 이미지가 떠오르나요? 동그란 안경에 동그란 검은색 머리 스타일이 가장 먼저 생각날 거예요. 만약 해리포터가 안경을 끼지 않았다면, 영리하고 귀여운 해리포터를 잘 표현하지 못했을 거예요.

이처럼 화려한 스타들의 멋진 스타일을 연출해 주거나 극 중 배역의 개성을 최대한 살려 주는 스타일을 만드는 데 큰 공헌을 하는 사람들이 바로 '스타일리스트'입니다.

스타일리스트는 정해진 이미지와 분위기에 맞춰 의상, 소품, 액세서리, 헤어, 메이크업 등의 방향을 정하여 원하는 이미지를 만들어 내는 연출자입니다. 요즈음은 대중들도 자신의 이미지 연출이 중요하기 때문에 점점 스타일리스트의 활동 범위가 넓어지고 있답니다.

스타일리스트와 코디네이터는 어떻게 다를까?

스타일리스트 이전에 많이 알려진 비슷한 직업이 있는데 바로 코디네이터입니다. 코디네이터는 단순히 옷과 소품 및 액세서리 수준에서 적절하게 매칭하는 정도의 작업을 하는 반면, 스타일리스트는 한 인물의 이미지 컨셉을 설정하고 머리에서 발끝까지 모든 패션 요소를 스타일링하여 하나의 캐릭터나 이미지를 만들어내지요. 이렇게 보면 스타일리스트는 코디네이터에서 좀 더 발전된 형태라고 할 수 있습니다. 요즈음에는 한 스타일리스트 밑에 여러 코디네이터가 일하는 경우가 많아서 스타일리스트를 일명 코디네이터들의 관리자라고도 한답니다.

Step 3 스타일리스트는 어떤 사람일까?

스타를 반짝반짝 빛나게 만들어 주는 이미지 마술사

스타일리스트는 의상, 소품, 액세서리, 헤어, 메이크업 등 머리에서 발끝까지 패션 스타일을 연출하여 원하는 이미지를 만들어 내는 사람입니다. 우리가 텔레비전이나 잡지에서 보는 스타나 모델들의 멋진 모습은 모두 이들의 손을 거친 것이라고 할 수 있어요. 스타일리스트는 주로 잡지, 화보, 광고, 영화, 방송 등에 나오는 연예인이나 유명인사들의 스타일을 맡아서 일을 하는데요. 주어진 컨셉대로 패션을 연출하거나 본인이 직접 컨셉을 정하기도 합니다. 단순히 옷만 입히는 것이 아니라 인체에 관련된 모든 패션 요소를 조화시켜서 새로운 이미지를 만들어 내는 창조적인 일이지요. 평범해 보이는 사람도 이들의 손을 거치면 반짝반짝 빛이 나기 때문에 이미지 마술사 같은 존재랍니다.

최신 유행을 이끌어 가는 패션 리더

스타일리스트는 스타의 전체적인 스타일을 꾸며주어야 하기 때문에 당연히 유행에 민감할 수밖에 없습니다. 항상 시대의 트렌드와 사람들의 성향에 대해

돌발 퀴즈

• 빈칸을 알맞게 채워 보세요.
(   )는 머리에서 발끝까지 다양한 소품과 의상 등을 통해 패션 스타일을 연출하여 원하는 이미지를 만들어 내는 사람입니다.

서도 꿰뚫고 있어야 합니다. 새로 등장한 아이템에 대해서도 빠르게 시장 조사를 하고, 스타의 이미지와 접목시켜 콘셉트를 만드는 과정을 거쳐야 합니다. 그렇기 때문에 세심한 감각과 끈질긴 노력도 스타일리스트가 갖추어야 할 필수 조건이에요. 패션에 대한 대중의 관심이 날로 커지고 있는 요즘은 스타일리스트의 중요성과 가치가 더욱 높아지고 있답니다.

미의 기준을 새로 쓰는 뷰티 아티스트

스타일리스트는 특별한 미적 감각이 있어야 합니다. 순수미술처럼 그림을 그리고 조각을 만드는 아티스트도 있지만 현대적인 감각을 접목하여 새로운 아름다움을 만들어 내는 사람들도 있습니다. 머리부터 발끝까지 스타일링하는 작업은 그 사람만이 가지고 있는 고유의 아름다움을 찾아내는 일입니다.

Step 4

스타일리스트는 무슨 일을 할까?

텔레비전에서 헤어, 메이크업, 패션 등에 대해서 소개해 주는 사람들을 본 적이 있나요? 그들은 자신만의 노하우로 사람들을 더욱 돋보이게 만들어 주는 장점을 갖고 있지요. 혹시 연예인과 함께 일하며 친분을 나타내는 모습이 좋아 보여서 무작정 되고 싶다는 생각을 한 건 아닌가요? 자, 그럼 스타일리스트가 구체적으로 무슨 일을 하는지 함께 알아보아요.

▌배역이나 분위기에 맞는 의상과 소품을 체크해요

스타일리스트가 가장 먼저 하는 일은 담당하는 배우나 가수들이 영화, 잡지, 방송 등에서 맡은 배역이나 분위기에 어울리는 의상, 신발, 액세서리 등을 골라 주는 것입니다. 귀엽게, 화사하게, 고전적이게, 파격적이게, 발랄하게, 분위기 있게 등 다양한 컨셉에 따라 이에 맞는 패션 아이템들을 조사하고 선택하는 것이지요. 패션 유행을 선도하고 담당 모델을 돋보이게 하는 것이 스타일리스트의 가장 큰 과제이므로 그동안의 노하우나 시장 조사를 통해 얻은 자료를 바탕으로 세심하게 체크해야 합니다.

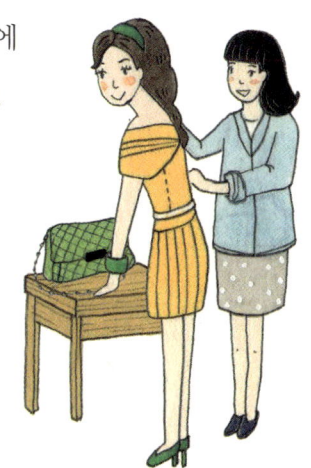

▌필요한 의상, 소품, 액세서리 등을 구하러 다녀요

의상이나 소품 등을 정했으면 이제는 이것들을 직접 구하러 다녀야 합니다. 스타일리스트들이 다루는 대부분의 의상이나 소품들은 가격이 비싸서 빌리는 경우가 많은데요. 패션 회사로부터 옷이나 소품을 빌리는 것을 '협찬'받는다고 합니다. 따라서 스타일리스트의 중요한 역할 중의 하나가 유명한 의상들을 잘 협찬받는 것이랍니다. 만약 협찬을 받지 못하면 자기 돈으로 구입하기도 하고, 돌아다녀도 딱 맞는 것이 없다면 스스로 디자인하여 만들기도 합니다.

▌촬영 현장에서 모델의 의상이나 소품을 계속 수정해 줘요

실제 촬영하는 현장에 가서 준비해 온 여러 벌의 의상과 소품을 바꿔 입히고, 수시로 스타일을 체크합니다. 보통 촬영 현장에는 매우 많은 의상을 가지고 가는데요. 현장에는 변화가 많기 때문에 준비한 의상이 막상 어울리지 않을 수

마네킹에 입혀 전시한, 브랜드를 대표하는 옷

" 스타일리스트로서의 활동 영역이 다양해요 "

브랜드 매니저(Brand Manager)
브랜드 전체를 책임지고 운영하는 사람을 말하며, 브랜드 디렉터(Director)라고도 합니다. 현재 브랜드의 경제적 가치는 상상을 초월합니다. 우리가 비싼 가격에도 명품을 사는 이유는 품질도 좋지만 그 브랜드의 가치와 정서적 만족감이 더 크기 때문입니다. 요즈음 기업들은 브랜드의 가치를 높이기 위해 제품 생산 단계에서부터 심혈을 기울이지요. 예전에는 주로 패션이나 뷰티 관련 회사에서 활동하였으나 최근에는 훨씬 더 다양한 분야에서 필요로 하고 있습니다.

CD(Creative Director)
CD는 원래 광고사의 크리에이티브팀을 이끄는 최고 책임자를 뜻하는 직함이에요. 최근에는 패션 산업까지 확대되어 브랜드의 이미지를 기획하고 디자인 및 마케팅까지 아이디어와 관련된 활동을 주도하는 역할을 합니다.

도 있어서 그럴 경우를 대비하여야 합니다. 때로는 스타일리스트가 직접 옷을 수선하기도 하고, 즉흥적으로 새로운 스타일을 연출하기도 하지요.

▎협찬받은 의상이나 소품 등을 잘 관리해서 돌려줘요

스타일리스트가 협찬받는 의상들은 가격이 비싸기 때문에 매우 조심이 다루어야 합니다. 만약에 옷이 찢어지거나 얼룩이 생기게 되면 스타일리스트가 직접 변상을 해야 하거든요. 그래서 실제로 변상을 하는 데 수입보다 더 많이 쓴 사람도 있다고 해요. 그렇게 되면 너무 허탈하겠지요? 그래서 의상을 회사에 언제까지 돌려줘야 하는지 등을 정확하게 알고 지켜야 해요.

▎꾸준히 세계의 패션 트렌드를 분석하고 이미지를 연구해요

패션 산업은 워낙 빠르게 변하기 때문에 그만큼 꾸준한 공부와 시장 조사가 필요합니다. 항상 세계의 패션 트렌드에 눈과 귀를 기울여야 해서 직접 해외로 나가서 시장 조사를 하기도 하지요. 또 수많은 패션 잡지를 보면서 다른 스타일리스트들이 연출한 이미지 사진을 보고 공부하여 자신의 역량을 키우는 노력이 필요합니다.

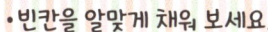

- 빈칸을 알맞게 채워 보세요.
스타일리스트가 하는 일은 담당하는 배우나 가수들이 영화, 잡지, 방송 등에서 맡은 배역이나 분위기에 어울리는 의상, 신발, 액세서리 등을 (　　　) 것입니다.

직업에 따라 어울리는 안경들

출장 강의를 나온 스타일리스트

옷 매장에서 조언해 주는 스타일리스트

음식 재료가 돋보이도록 연출된 파운드 케이크.

음식을 스타일링한다? 푸드 스타일리스트!

우리는 스타들을 가꾸어 주는 사람을 스타일리스트라고 하지만 음식을 직접 만들고 식탁을 꾸미는 일을 하는 사람도 스타일리스트라고 합니다. 음식을 뜻하는 영단어 'food'가 앞에 붙어서 '푸드 스타일리스트'라고 부르지요.

푸드 스타일리스트는 학문적인 부분보다도 예술적이고 기술적인 능력을 더 많이 요구합니다. 하지만 식문화에 대한 총체적인 부분을 다루기 때문에 기초 학문도 게을리 할 수 없지요. 요리에 대한 전문적 지식과 요리 능력, 기본적인 테이블 매너, 음식과 소품의 장식 능력, 음식의 다양한 물리적·화학적 변화에 대한 지식과 이해가 있어야 하며 미적 감각과 색채 감각 역시 갖추고 있으면 유리합니다.

또한, 요리와 가장 잘 어울리는 그릇과 소품을 찾아낼 수 있는 안목과 상황에 잘 대처할 수 있는 순발력, 꾸준한 조사와 연구를 통해 새로운 아이디어를 낼 수 있는 창의력도 필요하지요.

직업 일기
스타일리스트의 하루

오늘은 나의 노력이 빛을 보는 날이다. 바로 부산국제영화제가 열리는 날이기 때문이다. 사람들은 레드 카펫에 오르는 스타들의 드레스를 잠깐 감상할 뿐이지만, 나는 이 날만을 위해서 몇 달 전부터 이리저리 뛰어다니며 준비했다. 내가 가장 뿌듯한 순간은 내가 준비한 드레스를 입은 스타가 '베스트 드레서'로 뽑히는 순간이다.

이번에 특히 공들여 준비한 부분은 드레스였다. 물론 드레스와 어울리는 액세서리, 구두, 메이크업까지 모두 완벽히 준비했다. 드레스를 잘 입히기로 유명한 나이기에 이번 영화제는 더욱 부담이 될 수밖에 없었다. 아마 사람들은 이번에도 베스트 드레서를 찾기 위해서 눈을 크게 뜨고 기다리고 있겠지. 그래서 이번에는 특별히 프랑스에서 드레스를 직접 공수해 왔다. 요새 워낙 레드 카펫 드레스 경쟁이 치열하기 때문에 다른 사람들에게 알려지지 않도록 꽁꽁 싸매서 가져왔다. 그런데 아뿔싸! 드레스에 맞춘 구두가 갑자기 사라진 것이다. 얼마나 어렵게 협찬받은 구두인데…….

　코디네이터들과 함께 여기저기 찾아보았지만 구두는 나타나지 않았다. 순간 하늘이 무너지는 느낌이었다. 한 순간의 실수로 많은 사람이 힘들어 지는 게 바로 이 세계이다. 나는 어쩔 수 없이 근처 유명 백화점의 같은 브랜드 매장에 가서 가장 어울릴 만한 구두를 급히 사 올 수밖에 없었다. 다행이 그 구두도 드레스와 아주 잘 어울렸다.

　드디어 내가 준비한 드레스를 입은 스타가 무대에 올랐다. 정말 눈이 부시도록 반짝반짝 빛이 났다. 그리고 이번에도 내가 스타일링한 드레스가 '베스트 드레서'에 올랐다.

　오랫동안 준비한 보람이 있었다. 실수는 있었지만 이런 긴장감과 짜릿함이 내가 이 일을 계속 할 수 있게 하는 힘인 것 같다. 아무리 오랜 시간 동안 고생했어도 이렇게 인정을 받으면 모든 피로가 싹 풀린다. 오늘은 그동안 함께 준비해 온 코디네이터들과 부산 밤바다를 바라보면서 회나 푸짐하게 먹어야지.

Step 5

스타일리스트의
좋은 점 vs 힘든 점

좋은 점 : 연출한 작품이 인정을 받으면 성취감을 느껴요!

　자신이 연출한 스타일이 사람들로부터 주목을 받고 유행이 되면 큰 성취감을 느낍니다. 'OO 스타일'이라는 이름으로 유행이 되면 그 이후 인기 스타일리스트로서 인정받아 이름이 알려지게 되며 많은 사람이 찾게 되고, 각종 프로그램에서도 소개됩니다. 다른 직업에 비해 자신이 직접 구상하고 만들어 낸 결과물에 대한 평가가 바로 나타기 때문에 전문성과 책임감을 갖고 작업해야 하지요. 성취지향적인 성향에 잘 맞는 직업입니다.

돌발퀴즈

• 보기를 보고 정답을 맞혀 보세요.

스타일리스트의 좋은 점은 자신이 연출한 작품이 인정을 받으면 성취감을 느낀다는 것입니다. 그렇다면 스타일리스트의 힘든 점이라고 볼 수 있는 것은 무엇일까요?

① 온종일 상담만 하다보면 스트레스가 많이 쌓일 수 있다.
② 스케줄이 일정하지 않아서 체력 소모가 많고 인내심이 필요할 수 있다.
③ 다양한 표현을 많이 알아 글을 써야 하므로 책을 의무적으로 읽을 수 있다.

힘든 점 : 체력 소모가 많고 인내심이 필요해요!

멋진 옷과 소품들로 둘러싸여 있어 화려해 보이는 직업이지만 보이지 않는 곳에서 체력을 많이 써요. 협찬받으러 직접 돌아다니고 또 다시 돌려주러 가야 하고요. 촬영 현장에 다니면서 각종 물품을 체크도 해야 합니다. 스케줄이 일정하지 않아서 새벽부터 늦은 밤까지 작업할 때도 많지요. 그래서 스타일리스트는 체력을 잘 관리해야 합니다. 또한, 스타일리스트로 실력을 인정받기까지는 얼마나 시간이 걸릴지 알 수 없기 때문에 많은 인내심이 필요합니다.

Step 6

스타일리스트는 어떤 능력이 필요할까?

미적 감각

스타일리스트에게는 미적 감각이 정말 중요해요. 색상을 고를 때도, 무늬를 고를 때도 아주 미세한 차이에 울고 웃지요. 한 가지 스타일을 연출하기 위해서는 어떤 디자인의 옷과 소품이 적합한지 잘 알아야 하기 때문에 잡지나 광고, 영화 등에 등장하는 인물들의 스타일을 항상 유심히 살펴보고 공부해야 합니다.

체력

여러 벌의 의상과 소품을 직접 촬영 현장으로 옮겨야 하고, 밤낮 가리지 않는 촬영 스케줄 때문에 체력 소모가 많은 직업입니다. 촬영 현장은 뜻하지 않는 상황이 자주 발생해서 항상 현장에서 대기하고 있어야 해요. 바쁘고 불규칙한 일정을 소화하려면 튼튼한 체력이 필요합니다.

돌발퀴즈

- 알맞은 답을 고르세요.
다음 중 스타일리스트로 일을 할 때 가장 필요한 능력은 무엇일까요?
① 순발력　　　　② 듣기 능력　　　　③ 컴퓨터 활용 능력

순발력

준비한 의상이 막상 현장에서는 잘 어울리지 않거나 감독이 콘셉트를 갑자기 바꾸는 등 예기치 못한 상황이 자주 일어나기 때문에 스타일리스트는 그때마다 순발력을 발휘하여 상황에 맞는 스타일을 다시 연출할 수 있어야 합니다.

의사 소통 능력

스타일리스트는 혼자가 아니라 다양한 사람들과 함께 일하는 직업이에요. 예민한 성격의 사람들에게도 마음에 드는 옷을 입히고 연출해 주어야 하므로 원만한 성격이 필요해요. 인맥을 통해 일하는 경우가 많고, 다양한 회사들로부터 의상을 협찬 받기 위해서도 친밀한 대인 관계 능력은 정말 중요합니다.

Step 7

스타일리스트가 되기 위한 과정은?

중·고등학교

문과, 이과 계열을 모두 선택할 수 있는 일반 고등학교나 자율형 고등학교에 진학하거나 패션 디자인 관련 고등학교에 진학하는 방법이 있습니다.

대학교

스타일리스트는 옷과 소품을 가지고 연출하는 일을 주로 합니다. 따라서 실기가 중요한 의상디자인학과나 실기를 보지 않는 의류학과, 직물학과 등 생활과학대학의 패션 관련 학과로 진학하면 됩니다. 세계 패션 트렌드를 배울 수 있는 해외 패션 스쿨에 진학하는 것도 고려할 수 있습니다.

졸업 후

공채나 개인적 소개, 교육기관의 소개 등을 통해 방송현장(공중파, 케이블, 인터넷), 잡지사, 광고대행사 등으로 진출합니다. 코디네이터로서 출발하여 2~3년의 경력을 쌓은 후 프리랜서로 독립하면 활동 영역이 확대됩니다.

관련 자격증

패션 스타일리스트 자격증, 메이크업 아티스트 자격증, 미용사 자격증

- 알맞은 답을 고르세요.

스타일리스트가 되기 위해서 대학교 이후 해외 유학 과정까지 고려한다면 특히 어떤 공부를 열심히 하면 좋을까요?

① 국어　　② 영어　　③ 수학

스타일리스트라는 직업이 나와 얼마나 어울릴까?

❖ (　　) 안에 돌발퀴즈의 답을 적어 넣으면 직업 사전이 완성됩니다.

스타일리스트	직업 사전	직업 적합도		
		항목	평가	점수
정의	(　　　　)는 머리에서 발끝까지 다양한 소품과 의상 등을 통해 패션스타일을 연출하여 원하는 이미지를 만들어 내는 사람입니다.	스타일리스트라는 직업에 얼마나 흥미가 있나요?	☆☆☆☆☆	/ 5
하는 일	담당하는 배우나 가수들이 맡은 배역이나 분위기에 어울리는 의상, 신발, 액세서리 등을 (　　　　) 것입니다.	스타일리스트가 하는 일에 얼마나 흥미가 있나요?	☆☆☆☆☆	/ 5
장단점	자신이 연출한 작품이 인정을 받으면 성취감을 느끼는 장점이 있습니다. 하지만 스케줄이 일정하지 않아서 체력 소모가 많고 (　　　)이 필요하다는 단점이 있습니다.	장점과 단점을 모두 고려했을 때 스타일리스트라는 직업에 얼마나 관심이 있나요?	☆☆☆☆☆	/ 5
필요 능력	변화가 많은 현장에서 일하기 때문에 상황에 맞게 대응할 수 있는 (　　　)이 필요하며 근무시간이 일정하지 않아 강인한 체력이 요구됩니다.	스타일리스트가 되기 위해 필요한 능력을 얼마나 갖추고 있나요?	☆☆☆☆☆	/ 5
되는 방법	의상디자인학과 진학을 고려한다면 미술 과목에 집중하고, 대학교 이후 해외 유학 과정까지 고려한다면 (　　　) 과목도 열심히 해야 합니다.	스타일리스트가 되기 위한 공부를 하는 데 얼마나 관심이 있나요?	☆☆☆☆☆	/ 5

스타일리스트 적합도(총점) :　　/ 25

직업 적합도 평가 방법

❶ 직업 사전의 항목을 꼼꼼히 읽어 보세요.

❷ 직업 적합도 항목을 읽고 해당하는 만큼 별표를 색칠해 주세요.

　　0개 : 전혀 없음　　　1개 : 거의 없음　　　2개 : 조금 있음

　　3개 : 보통　　　　　4개 : 많음　　　　　5개 : 아주 많음

❸ 별 1개당 1점으로 계산하여 점수를 적어 넣으세요.

❹ 평가 기준(총점)

총점	적합도	목표 직업으로 삼을 경우 고려할 점
21~25	매우 높음	직업 적합도가 매우 높습니다. 이 직업을 목표로 삼고 필요한 능력을 꾸준히 개발하도록 합니다.
16~20	높음	직업 적합도가 높습니다. 적합도 점수가 낮은 부분을 중심으로 보완하도록 합니다.
11~15	보통	직업 적합도가 보통입니다. 꾸준히 관심을 가지고 이 직업에 대해 알아보도록 합니다.
0~10	낮음	직업 적합도가 낮습니다. 해당 직업과 함께 다른 직업의 정보도 함께 알아보도록 합니다.

교사와 학부모를 위한 가이드
적성 & 진로 지도

이렇게 지도하세요

스타일리스트가 되려면 남다른 재주와 끼가 있어야 합니다. 미적 감각이 뛰어나고, 스타일에 민감한 자녀라면 훌륭한 스타일리스트가 될 가능성이 더욱 높겠지요. 새로움을 추구하는 직업이다 보니 끊임없이 공부하는 자세를 잃지 말아야 하고, 최신 유행보다 한 발짝 먼저 스타일을 창조해 낼 수 있도록 아이의 창의력 개발에 힘쓰는 것이 중요합니다.

꼭 알아 두세요

스타일리스트는 패션, 미용 관련 전문 지식을 쌓기 위해 관련학과 진학이 필요하지만, 무엇보다 실무 경험과 경력이 중요한 직업입니다. 처음에는 보통 코디네이터로서 출발하여 2~3년 경력을 쌓은 후 업계에서 유명인의 스타일리스트로 이름이 알려지면 프리랜서로 독립합니다.

연예인을 담당하는 스타일리스트가 대부분이지만 최근에는 기업인, 정치인의 스타일을 전문적으로 담당하기도 하고, 샵마스터로서 일반인들에게도 조언

학습 설계(중점 과목)

구분 I	구분 II
국어, **영어**, 수학	사회, 과학, **예체능**

활동 설계(관련 활동)

동 아 리	미술·디자인 동아리, 문화 비평 동아리
독 서	《디자인의 이해》《잠재에서 창조로》《젊은 예술가의 초상》《뷰티 스타일리스트》
기 타	패션 잡지 스크랩

을 주는 '스타일 컨설턴트'까지 영역이 확대되고 있습니다. 최근에는 취업 면접을 위한 스타일링을 전문으로 하는 스타일리스트도 있습니다.

보다 전문적인 지식을 쌓기 위해 해외 패션 스쿨로 진학하는 경우도 많은 만큼, 영어를 중심으로 외국어 능력을 기르는 것도 경쟁력을 갖출 수 있는 좋은 방법입니다. 또한, 스타일리스트는 단순히 고객에게 어울리는 스타일뿐만 아니라, 상황에 맞는 '테마'를 고려한 스타일링을 하는 만큼 다양한 상황을 이해할 수 있는 문화, 사회 전반에 걸친 지식을 골고루 쌓는 것이 좋습니다.

교사와 학부모를 위한 가이드
직업 체험 활동

포트폴리오 만들기

패션 잡지에는 당시 트렌드를 반영하는 다양한 스타일링이 소개되어 있습니다. 현장에서 발에 땀나도록 뛰어다니는 스타일리스트의 생생한 소식을 접할 수 있고, 최신 유행 스타일도 한 눈에 확인할 수 있답니다. 패션 잡지를 함께 보면서 시기별 대표적인 스타일링과 마음에 드는 스타일을 스크랩해 보는 것도 좋아요. 또한 스크랩한 작품들에 대해서 의견을 짧게나마 적어 보면 감각을 키우는 데 도움이 될 거예요.

패션쇼 관람

잡지나 텔레비전에서 볼 수 있는 스타일링을 직접 보는 것도 좋은 경험이 될 거예요. 아이는 빠르게 돌아가는 패션쇼장에서 분위기를 느끼면서 자신의 미래 모습을 그려 볼 수도 있겠지요. 유명 작가의 패션쇼는 초청받은 사람만 갈 수 있지만 박람회, 종합전시관 등에서 열리는 패션쇼는 누구나 들어갈 수 있습니다.

미술 공부

스타일리스트의 기본 역량은 미술과 관련한 감각과 실기 능력입니다. 떠오르는 스타일을 그때마다 그려 두거나 메모하는 습관을 가지면 좋습니다. 스타일리스트는 직접 제작도 하는 만큼, 그림뿐만 아니라 공예 작업에도 익숙해지도록 연습해 보면 좋아요. 스타일리스트는 언제, 어떤 일이 일어날지 모르기 때문에 위기의 상황에서도 무엇이든 만들어 낼 수 있는 능력이 있어야 합니다. 집에 있는 옷으로 계절과 장소에 맞는 스타일을 자주 연출해 보면서 자신감을 키울 수 있게 도와주세요.

추천 사이트

한국패션협회   http://www.koreafashion.org

한국직업연구진흥원   http://www.kivd.or.kr

돌발퀴즈 정답

연예인

23쪽_ 연예인　　　　28쪽_ 연기
33쪽_ ❷번　　　　　35쪽_ ❶번
37쪽_ ❸번
38쪽(직업 사전)_ 연예인, 연기, 사생활, 창의력, 음악

스타일리스트

51쪽_ 스타일리스트　　55쪽_ 골라 주는
61쪽_ ❷번　　　　　　63쪽_ ❶번
65쪽_ ❷번
66쪽(직업 사전)_ 스타일리스트, 골라 주는, 인내심, 순발력, 영어